I0457305

www.ingramcontent.com/pod-product-compliance
Lightning Source LLC
Chambersburg PA
CBHW041607120626
46551CB00002B/346
*9781990286209*

# باغ رضوان

داستان عید رضوان برای کودکان خردسال

نویسنده: الحان رحیمی

تصویرگر: الینا انیپچنکو

کلیه حقوق چاپ ونشر محفوظ است © الحان رحیمی 2023

hello@alhanrahimi.com

ISBN of the Hardcover Persian version:

978-1-990286-19-3

ISBN of Paperback Persian version:

978-1-990286-20-9

Original English Title:

**Garden of Riḍván: The Story of the Festival of Riḍván for Young Children**

Written by Alhan Rahimi
Illustrations by Alina Onipchenko

ISBN of English Paperback: 978-1-7770934-1-9
ISBN of English Hardcover: 978-1-7770934-7-1

The English version has been approved by the National Spiritual Assembly of the Baháʼís of Canada.

تقدیم به تمام مردم عالم که همه‌گیری سال‌های 2020 و 2021 را تاب آوردند.

روزی روزگاری بلبلی در یک باغ زیبا که درختان قشنگ و گل‌های رنگارنگی داشت زندگی می‌کرد. او عاشق پرواز از درخت به درخت بود و با صدای زیبایش آواز می‌خواند...

من ساکن این گلشـن
اسمش بُوَد آن رضوان
کاش همه‌ی مردمـان
داننـد شـهـرت آن

روزی این بلبل احساس کرد که چیزی در این باغ تغییر کرده است. او شروع به آوازخواندن با صدای بلند کرد و با هیجان در اطراف باغ پرواز کرد. دوستانش در آواز و پرواز به او پیوستند. بلبل درست حدس زده بود. مهمان ویژه‌ای در راه رسیدن به باغ بود...

من ساکن این گلشن
اسمش بُوَد آن رضوان
کاش همه‌ی مردمان
داننـد شـهـرت آن

این مهمان حضرت بهاءالّله بودند و از شهری به نام بغداد به شهری بسیار دور به نام اسلامبول می‌رفتند. ایشان در این باغ که در اطراف بغداد بود توقف کردند تا دوستانشان بتوانند با ایشان خداحافظی کنند. ایشان دوازده روز در چادری در این باغ ماندند.

حضرت بهاءاللّه در این باغ بسیار خوش‌حال بودند. ایشان در میان درختان و گل‌ها قدم می‌زدند و بلبلان بالای سر ایشان آواز می‌خواندند. بلبل ما هم در بین آن‌ها بود...

من ساکن این گلشــن
اسمش بُوَد آن رضوان
کاش همه‌ی مردمـان
دانـــنـــد شـــهـــرت آن

هر صبح قبل از طلوع آفتاب باغبان‌ها گل‌های زیادی از چهار خیابان باغ می‌چیدند.

بعد گل‌ها را کفِ چادری که حضرت بهاءاللّه حضور داشتند خرمن می‌کردند. خرمن گل‌ها آن‌قدر بلند بود که دوستانی که به زیارت حضرت بهاءاللّه و نوشیدن چای صبح می‌آمدند نمی توانستند یکدیگر را ببینند.

قبل از رفتن دوستان از چادر، حضرت بهاءاللّه با دست مبارک به آن‌ها گل می‌دادند تا گل‌ها را به دوستانی که نتوانسته بودند به زیارت ایشان بیایند برسانند.

بعضی شب‌ها هنگامی که دوستان در خواب بودند، حضرت بهاءاللّه در خیابان‌های باغ مشی می‌فرمودند. بلبل‌ها آن‌قدر بلند چهچه می‌زدند که صوت جمال مبارک به‌سختی شنیده می‌شد.

در همین روزها حضرت بهاءاللّه به اطرافیان اعلام کردند که مظهر ظهور الهی هستند. معنی‌اش این بود که ایشان پیام خاصی از طرف خداوند آورده‌اند.

در روز نهم، خانواده‌ی حضرت بهاءاللّه در باغ رضوان به ایشان پیوستند و برای آن‌ها نیز چادرهایی برپا شد.

در روز دوازدهم حضرت بهاءاللّه و خانواده‌ی
ایشان باغ را ترک کردند. ایشان بر اسبی سوار
شدند و سفر طولانی خود را آغاز کردند.

بلبل قصه‌ی ما مثل دیگران از رفتن حضرت بهاءاللّه ناراحت شد؛ ولی همچنان بسیار خوش‌حال بود که افراد زیادی ایشان را شناختند. او باز هم به خواندن ادامه داد...

من ساکـن این گلشن
اسمش بُوَد آن رضوان
خوشحالم که مردمان
دانـسـتـند شهرت آن

میلیون‌ها نفر در سراسر دنیا این دوازده روز را با نام عید رضوان جشن می‌گیرند.

مراجع:

نفحات ظهور حضرت بهاءاللّه، جلد اول،
تألیف: ادیب طاهرزاده

کتاب روحی شماره‌ی 4